LES ANIMAUX LES PLUS MEURTRIERS

LA VEUVE NOIRE

Un livre de la collection
Les branches de Crabtree

Amy Culliford

CRABTREE
Publishing Company
www.crabtreebooks.com

Soutien de l'école à la maison pour les parents, les gardiens et les enseignants

Ce livre très intéressant est conçu pour motiver les élèves en difficulté d'apprentissage grâce à des sujets captivants, tout en améliorant leur fluidité, leur vocabulaire et leur intérêt pour la lecture. Voici quelques questions et activités pour aider le lecteur ou la lectrice à développer ses capacités de compréhension.

Avant la lecture

- *De quoi ce livre parle-t-il?*
- *Qu'est-ce que je sais sur ce sujet?*
- *Qu'est-ce que je veux apprendre sur ce sujet?*
- *Pourquoi je lis ce livre?*

Pendant la lecture

- *Je me demande pourquoi...*
- *Je suis curieux de savoir...*
- *En quoi est-ce semblable à quelque chose que je sais déjà?*
- *Qu'est-ce que j'ai appris jusqu'à présent?*

Après la lecture

- *Qu'est-ce que l'autrice veut m'apprendre?*
- *Nomme quelques détails.*
- *Comment les photographies et les légendes m'aident-elles à mieux comprendre?*
- *Lis le livre à nouveau et cherche les mots de vocabulaire.*
- *Ai-je d'autres questions?*

Activités complémentaires

- *Quelle est ta section préférée de ce livre? Rédige un paragraphe à ce sujet.*
- *Fais un dessin représentant l'information que tu as préférée dans ce livre.*

TABLE DES MATIÈRES

DES ARAIGNÉES DANGEREUSES

Bien que la plupart des araignées ne représentent pas une menace pour les humains, certaines **espèces** peuvent être dangereuses. La veuve noire est l'une de ces espèces. Le **venin** de la veuve noire est même plus puissant que celui d'un crotale.

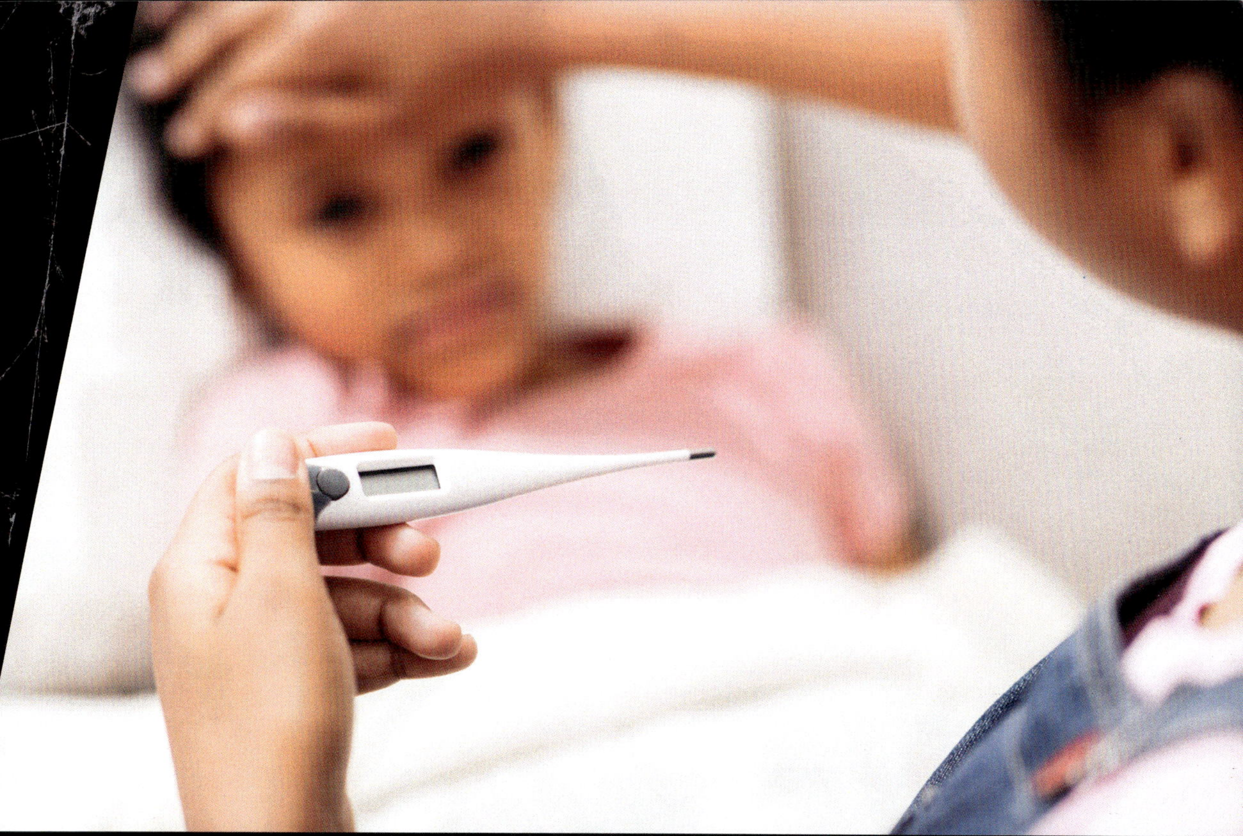

La morsure de la veuve noire peut causer des symptômes graves pour les humains. La nausée, la transpiration, la douleur et les courbatures peuvent durer pendant des jours. Seul l'antivenin, un type de médicament, peut diminuer la douleur et les blessures.

LA VEUVE NOIRE INJECTE MOINS DE VENIN QU'UN SERPENT. SA MORSURE ENTRAÎNE RAREMENT LA MORT.

LA PEUR DES ARAIGNÉES

L'**arachnophobie** est un grand mot qui signifie la peur des araignées. Il existe plus de 40 000 espèces d'araignées dans le monde. De nombreuses personnes ont peur d'elles. Cependant, la plupart des araignées sont complètement inoffensives pour les humains. Les araignées sont en fait utiles, car elles chassent les insectes nuisibles comme les mouches et les moustiques.

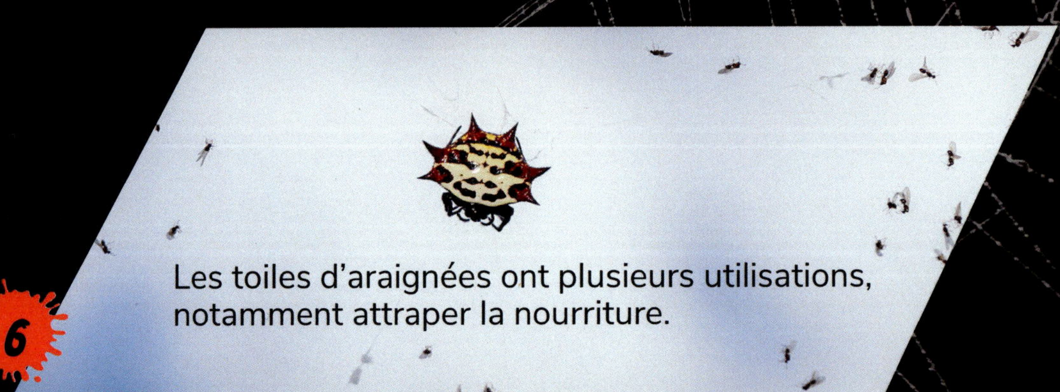

Les toiles d'araignées ont plusieurs utilisations, notamment attraper la nourriture.

Il y a des araignées sur tous les continents du monde, sauf en Antarctique.

Les tarentules, comme la plupart des araignées, mordent seulement si elles se sentent menacées.

POURQUOI CE NOM?

Il existe plus de 30 types de veuves noires. Leur nom vient du fait que certaines femelles tuent et mangent le mâle après l'accouplement. Ainsi, elles deviennent des veuves.

À l'état sauvage, la femelle ne tue généralement pas son compagnon. Par contre, quand un couple est en captivité, la femelle tue parfois le mâle après l'accouplement.

LA VEUVE NOIRE VIT EN MOYENNE UN À TROIS ANS. LA FEMELLE VIT PLUS LONGTEMPS QUE LE MÂLE.

Après l'accouplement, la femelle tisse un sac avec sa **soie**, puis pond plusieurs centaines d'œufs à l'intérieur. Les **bébés araignées** éclosent après une dizaine de jours, puis quittent le sac une à deux semaines plus tard. Arès avoir quitté le sac d'œufs, les bébés araignées produisent un mince fil de soie et sont emportés par le vent.

Seul un petit pourcentage de bébés araignées survit jusqu'à l'âge adulte. C'est parce que le **cannibalisme** est courant chez les bébés veuves noires.

OBSERVER UNE VEUVE NOIRE

La femelle adulte est plus grosse que le mâle adulte. Son corps mesure habituellement un peu moins qu'un demi-pouce (1 cm). Elle est généralement brun foncé ou noir brillant. De nombreuses femelles ont une tache en forme de sablier orange ou rouge sur l'abdomen. Certaines ont un simple triangle, ou deux triangles qui ne sont pas reliés.

Le mâle adulte est habituellement la moitié de la taille des femelles. Il est généralement gris ou noir, et a des taches rouges ou roses sur le dos.

La veuve noire d'Europe a treize taches sur son abdomen.

L'HABITAT DE LA VEUVE NOIRE

Les veuves noires vivent dans les jungles, dans les forêts, dans les déserts et dans les prairies. Bien que certaines araignées grimpent aux arbres et tissent leur toile dans des endroits élevés, la veuve noire préfère rester près du sol. Pour se protéger, elle fait son nid dans des endroits sombres entre les plantes, les pierres et les rondins.

La veuve noire peut parfois se rendre dans la maison d'un humain. Dans plusieurs cas, elle y est amenée par accident. L'araignée peut se cacher dans un régime de bananes ou sur un morceau de bois de chauffage. Une fois à l'intérieur, elle cherche un endroit sombre et sec pour faire son nid.

DANS LES RÉGIONS OÙ LES VEUVES NOIRES SONT COURANTES, IL EST AVISÉ DE SECOUER LES CHAUSSURES OU LES VÊTEMENTS AVANT DE LES METTRE. SI UNE ARAIGNÉE S'Y CACHE, ELLE TOMBERA PROBABLEMENT.

DES ARMES MEURTRIÈRES

ARME NUMÉRO 1 : LA CONCEPTION DE LA TOILE

La veuve noire est reconnue pour ses toiles complexes, mais désordonnées. La veuve noire produit différents types de soie pour différentes utilisations.

Certains fils de soie sont collants. Ils servent à piéger les proies. D'autres types de soie sont lisses et entrelacés dans la toile. L'araignée utilise ces fils pour se déplacer dans sa toile sans s'y coller.

La veuve noire se tient la tête en bas dans sa toile, en montrant bien ses taches colorées. Les scientifiques croient qu'elle avertit ses prédateurs qu'elle est toxique.

ARME NUMÉRO 2 : LES CROCHETS

La veuve noire a deux crochets acérés. Ils sont pratiques quand l'araignée veut injecter son venin.

ARME NUMÉRO 3 : LE VENIN

Le venin de veuve noire libère des toxines dans le système nerveux de la victime. Ces toxines causent la **paralysie**, et éventuellement la mort.

Le savais-tu?

Venimeux décrit un fluide dangereux qui est injecté. Empoisonné décrit une substance dangereuse qui est ingérée.

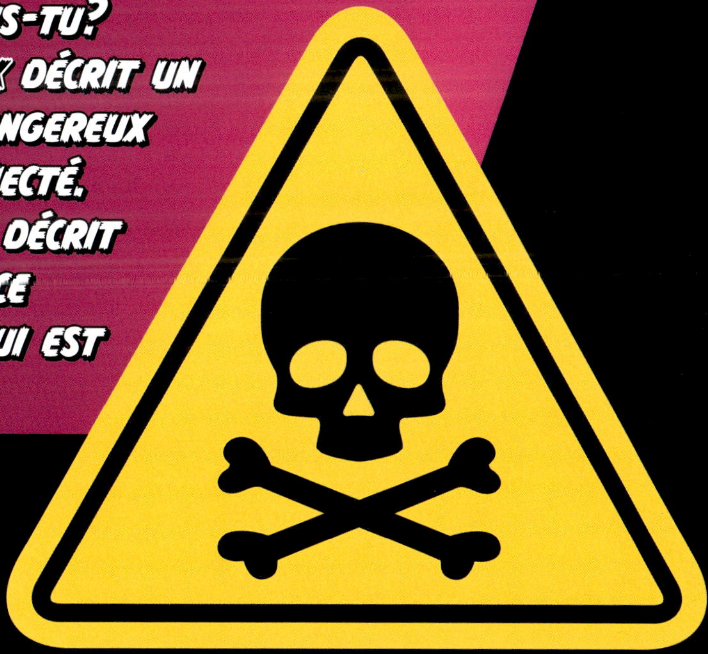

À LA CHASSE

Les veuves noires mangent les insectes qui sont pris au piège dans sa toile collante. Les mouches, les grillons et les moustiques figurent régulièrement à son menu. Après avoir tissé sa toile, la veuve noire s'installe confortablement et attend.

Les insectes qui approchent trop de la toile s'y colleront. Quand la veuve noire détecte les mouvements d'une **proie** qui se débat, elle se précipite pour l'attaquer. Pour empêcher sa proie de fuir, elle utilise de la soie produite par sa **filière** pour emballer sa victime comme une momie.

mante religieuse

La veuve noire n'a pas beaucoup de **prédateurs**. La guêpe de boue bleue et la mante religieuse sont deux insectes qui chassent et aiment bien croquer les veuves noires.

Ensuite, avec ses crochets acérés, la veuve mord et injecte une dose mortelle de venin.

Le venin de veuve noire tue, mais cela ne s'arrête pas là. Le venin contient des **enzymes** digestives qui liquéfient le corps de sa proie morte. Après avoir laissé le temps au venin de faire effet, la veuve moire retourne sucer les jus.

UN JEU DANGEREUX

Spider-Man est un célèbre personnage de bande dessinée. Il est un jeune superhéros qui a reçu ses super pouvoirs après avoir été mordu par une araignée. Trois jeunes frères de la Bolivie étaient fascinés par l'histoire de Spider-Man. Un jour, pendant qu'ils travaillaient à la ferme familiale, ils ont trouvé une veuve noire. Croyant qu'ils pourraient eux aussi acquérir des super pouvoirs, les garçons ont provoqué la veuve noire pour qu'elle les morde. Ils ont eu la morsure

qu'ils espéraient. Cependant, les effets de la morsure se sont rapidement progagés dans leur corps. Ils sont devenus très malades et ont été transportés à l'hôpital. Après plus d'une semaine de traitement médical, les garçons se sont rétablis de leur morsure venimeuse.

Les frères ont eu de la chance et ont survécu à la morsure de la veuve noire. Si la veuve noire avait injecté plus de venin, les conséquences auraient pu être pires. Le venin de veuve noire est très puissant. Il peut être mortel pour les jeunes enfants, les personnes âgées et les gens en mauvaise santé. C'est pourquoi la veuve noire est considérée comme l'un des animaux les plus meurtriers au monde.

LA VEUVE NOIRE N'EST HABITUELLEMENT PAS AGRESSIVE AVEC LES HUMAINS. SI ELLE EN A L'OCCASION, ELLE PRÉFÉRERA SE SAUVER EN COURANT PLUTÔT QUE MORDRE UNE PERSONNE. ELLE DEVIENT DANGEREUSE POUR LES HUMAINS SEULEMENT QUAND ELLE EST MENACÉE.

GLOSSAIRE

arachnophobie (a-rak-no-fo-bi) : La peur extrême des araignées

bébés araignées (bé-bé a-rè-gné) : Jeunes araignées

cannibalisme (ka-ni-ba-lism) : La pratique qui consiste à manger la chair de sa propre espèce

enzymes (an-zim) : Protéines dans le corps qui causent des réactions

espèces (èss-pèss) : Un certain type d'animal ou de plante

filière (fi-li-ère) : Organe qui produit la soie

paralysie (pa-ra-li-zi) : Incapacité de bouger et de sentir le toucher

prédateurs (pré-da-teur) : Animaux qui chassent et mangent d'autres animaux

proie (proa) : Un animal qui est chassé et mangé par un autre animal

soie (ssoa) : Le fil doux, brillant et solide produit par un animal

toxique (tok-sik) : Nocif

venin (ve-nin) : Fluide nocif transmis par injection

Index

Sites Web à Consulter

https://kids.nationalgeographic.com/animals/invertebrates/black-widow/

http://www.ducksters.com/animals/black_widow_spider.php

À PROPOS DE L'AUTRICE

Amy Culliford

Amy Culliford a un baccalauréat en beaux-arts. Elle est professeure d'art dramatique et dirige des programmes parascolaires d'art dramatique. Elle évite les animaux meurtriers en tout genre.

L'autrice souhaite remercier David et Patricia Armentrout pour leur recherche et leur aide dans le cadre de ce projet.

CRABTREE Publishing Company

Production : Blue Door Education pour Crabtree Publishing
Autrice : Amy Culliford
Conception : Jennifer Dydyk
Révision : Tracy Nelson Maurer
Correctrice : Crystal Sikkens
Traduction : Annie Evearts
Coordinatrice à l'impression : Katherine Berti

Références photographiques : Photo de la couverture © lighTTrace Studio, éclaboussure rouge sur la couverture et dans le livre © Andrii Symonenko /Shutterstock.com, p. 4, 8, 9, 14, 15, 18, 19, 20, 21, 28, 29 (toile en arrière-plan) © maxshutter/ istockphoto.com, (araignée) © BVDC/istockphoto.com, p. 5 © Prostock-Studio/istockphoto.com, p. 6, 7, 10, 11, 12, 13, 16, 17, 22, 23 (toile en arrière-plan) © RAYOCLICKS/ istockphoto.com, p. 6 (araignée) © Holly Guerrio/istockphoto.com, p. 7 (carte) © lukbar/istockphoto. com, (tarentule) © yew/istockphoto. com, p. 8 et 29 (araignée) © Mainely Photos/istockphoto.com, p. 9 (araignées) © Frank Buchter/ istockphoto.com, p. 10 (araignée) et p. 11 (bébés araignées) © Frank Buchter/istockphoto.com, p. 12 (araignées) © Mark Kostich/istockphoto.com, p. 13 (araignée) © Frank Buchter/istockphoto.com, p. 14 (photo du bas) © EstherCristina/istockphoto.com, p. 15 (forêt pluviale, haut) © miroslav_1/istockphoto.com, (cactus) © lucky-photographer/istockphoto.com, (fleurs) © Jesse Walker/istockphoto.com, (arbres) © Alexander Fattal/istockphoto.com, p. 16 (araignée) © Richard Par/istockphoto.com, p. 17 (araignée) © Jeffrey Schreier/istockphoto.com, p. 18 (araignée) © Muratani/istockphoto.com, p. 19 (haut) © Eleasha Strickland/istockphoto.com, (bas) © Robert Meyer/ istockphoto.com, p. 20 (araignée) © MediaProduction/istockphoto.com, p. 21 (affiche jaune) © Ond ej Pros/istockphoto.com, p. 22 (araignée) © ArmanDavtyan/istockphoto.com, p. 23 (haut) © Hcirdoog| Dreamstime.com, (bas) © aetmeister/istockphoto.com, p. 24-25 © Therina Groenewald| Dreamstime. com, p. 26 (Spiderman) © Editorial credit: Thoranin Nokyoo / Shutterstock.com, p. 27 © jamesdvdsn/ istockphoto. com, p. 28 (araignée) © AmericanWildlife/istockphoto.com

Crabtree Publishing Company
www.crabtreebooks.com 1-800-387-7650

Publié aux États-Unis
Crabtree Publishing
347 Fifth Avenue
Suite 1402-145
New York, NY, 10016

Publié au Canada
Crabtree Publishing
616 Welland Ave.
St. Catharines, Ontario
L2M 5V6

Imprimé au Canada/082021/CPC

Catalogage avant publication de Bibliothèque et Archives Canada

Available at the Library and Archives Canada